L⁴⁴
Lb
1602

LÉONCE GRASILIER

SUSCEPTIBILITÉS

DE LA

Police Impériale

Extrait de l'Intermédiaire des chercheurs et curieux

SAINT-AMAND
IMPRIMERIE DANIEL-CHAMBON
31, Rue Porte-Mutin, 31

1899

L⁴⁴
1602

LÉONCE GRASILIER

SUSCEPTIBILITÉS

DE LA

Police Impériale

Extrait de l'Intermédiaire des chercheurs et curieux

SAINT-AMAND

IMPRIMERIE DANIEL-CHAMBON

31, Rue Porte-Mutin, 31

1899

SUSCEPTIBILITÉS

DE LA

Police Impériale

—————

« La Police, écrivait Fouché à ses commissaires centraux, c'est l'ordre dans l'état social ; le but, c'est la sûreté de tous ; le caractère ditinctif de ce ministère sagement exercé, c'est de prévoir encore plutôt que de réprimer ; mais de réprimer avec vigueur ce qu'on n'a pas pu prévoir. La vigueur, cependant n'est pas la violence, c'est la justice. »

Prévoir, voilà selon le duc d'Otrante la fonction principale de la police ; or, comme les petites causes peuvent souvent amener de grands effets, il faut avoir l'œil à tout et ne pas négliger ces petites causes ; ce qui fait que parfois les susceptibilités des agents de la police sont exagérées et parfaitement ridicules ; mais en cette matière le ridicule n'est rien en raison du motif.

La police de Napoléon plus vigilante et plus sévère, n'avait pas de ces complaisances qui paralysent l'action de certaines polices de nos jours, elle ne négligeait rien et se tenait au courant de tout, car savoir c'est prévoir et prévoir c'est le but essentiel. Elle eut, par conséquent, les susceptibilités les plus exagérées et les plus amusantes dont voici quelques échantillons.

Au mois de juin 1812, un grand nombre de personnes, parmi lesquelles il s'en trouvait qui ne connaissaient pas le latin, se présentèrent à la bibliothèque du Lycée de Toulouse pour lire certaines pages du onzième volume des *Acta sanctorum*. Tous les lecteurs parcouraient rapidement et se retiraient aussitôt en fermant l'in-folio, de sorte que le bibliothécaire ne pouvait connaitre ce qui faisait l'objet de leur curiosité et le succès inusité des Bollandistes.

Cela durait depuis quinze jours au moins et les lecteurs affluaient toujours. La police eut connaissance du fait ; très intriguée, elle ordonna de remettre le volume suspect à un examinateur expert chargé de découvrir ce qui éveillait ainsi la curiosité de tant de gens. Ce n'était pas mince besogne que de lire cet énorme in-folio pour trouver le mot de l'énigme. L'examinateur y apporta tous ses soins, et il avait déjà lu avec la plus scrupuleuse attention *cinq cent dix-huit* pages in-folio à deux colonnes, lorsqu'à la page 519, première colonne, deuxième paragraphe, ses yeux inquisiteurs rencontrèrent le passage subversif qui avait causé la curiosité malsaine des lecteurs. probablement ennemis de l'empire.

Aussitôt, notre homme ferme le livre, rédige son rapport et le transmet sans retard au commissaire général impérial qui fait sur le champ séquestrer l'in-folio et informe incontinent le Ministre de la Police Générale à Paris. (1) L'affaire était grave !

Au tome onzième des *Acta sanctorum*, et troisième du mois d'avril, se trouve le récit des miracles de Sainte Zita. Cette sainte, en vérité peu connue, était une vierge originaire de Monte-Segrado, au territoire de Lucques en Italie. Elle mourut en 1272 et, lorsqu'au bout de trois siècles, on eut la fantaisie d'ouvrir son tombeau, en 1580, on trouva, parait-il, son corps « aussi parfaitement conservé que s'il fût resté en vie ». Ce fait extraordinaire attira près du tombeau de sainte Zita un grand concours de peuple et il se fit quantité de miracles, tous scrupuleusement consignés par le notaire Faytinello institué à cet effet.

Or, parmi les favorisés des bienfaits de la sainte, se trouva une religieuse d'Ariana, petit village situé dans la vallée supérieure du Serchio-Garfagnana, entre les Alpes Apuanes et les Apennins ; elle était venue invoquer la bienheureuse vierge Zita parce que depuis plus de cinq ans, elle était assaillie (*gravata*) et tourmentée (*vexata*) très fréquemment, le jour comme la nuit, de la manière la plus inconvenante (*inhoneste*) par deux démons, et le fait était attesté par de nombreux témoins. Ayant été, grâce à l'intervention de la vierge de Lucques, délivrée pour toujours de ses ennemis, la religieuse déclara au notaire que ces deux démons s'appelaient *Napoleo* et *Soldanus* !

Tel est le passage subversif qu'avait découvert un lecteur toulousain qui s'était empressé de le signaler à quelques-uns de ses concitoyens, peut-être mal disposés à l'égard de l'Empereur.

---

(1) Le Commissaire général de la Police générale de Toulouse au Ministre de la Police générale à Paris. Lettre du 27 juin 1812.

Bien que le volume des Bollandistes eut été publié en 1775, et qu'il fut par conséquent impossible de préjuger d'une allusion quelconque à l'Empereur, la police impériale trouva prudent de séquestrer le livre où il était fait mention d'un diable appelé Napoléon ayant pour compagnon un autre diable nommé Sultan, ce qui rendait doublement malsaine la malignité des citoyens qui n'avaient pas manqué de faire allusion à Napoléon Empereur et roi. (1)

La censure impériale ne tolérait en effet aucune phrase, aucun mot qui pût prêter à la moindre allusion, à la plus subtile équivoque, au rapprochement le plus imprévu, le plus impossible ; n'avait-elle pas, dix-huit mois avant l'affaire de Toulouse, saisi le *Dictionnaire de la langue française* de Boiste pour un motif tout aussi sérieux.

A partir de la troisième édition de son dictionnaire parue en 1808, l'auteur indique, après la plupart des mots, entre deux parenthèses, le nom de celui qui l'a créé ou employé de manière à faire autorité et la Biographie Didot lui reproche de n'avoir pas toujours été assez sévère dans son choix, ce qui lui valut les censures de la police, comme le prouve la saisie de l'édition de 1810.

Boiste ne s'était-il pas avisé d'imprimer :

Spoliateur, s. m. — qui dépouille, qui vole —* spoliatrice,

adj. f. (loi — [Buonaparte] nation [Frédéric le Grand].

Frédéric le Grand avait déjà passé, mais la police ne pouvait tolérer que le nom de l'empereur servît d'autorité à l'appui d'un tel mot, elle y vit une épigramme et saisit l'édition, le 20 août 1810 (2) et non en 1803, ainsi que le dit Quérard.

Boiste, pour sauver la situation, offrit de remplacer la page incriminée par un carton ; on accepta, le nom de Buonaparte fut supprimé, mais il fut rétabli dans la sixième édition en 1823 — alors les Bourbons régnaient et Napoléon était mort en exil.

Cette déchéance était depuis longtemps prédite, il circulait dans le peuple des prophéties bizarres, qui ne tardèrent pas à arriver aux oreilles du Ministre de la Police générale, le duc de Rovigo, qui crut devoir les faire connaitre à l'Empereur. En faisant cela, le général policier ne voyait que l'accomplissement de son devoir, il n'y mettait pas la malice, mordante et cruelle que Fouché, duc d'Otrante, se plaisait parfois à semer dans ses rapports à Napoléon.

En octobre 1810, Savary consigne donc dans son *Bulletin* du 11, que

---

(1) *Souveurs d'un agent du Ministère de la Police-Générale* (M""). — 11 juillet 1812.

(2) Voir aussi les *Mémoires du chancelier Pasquier*. — 21 août 1810.

du côté de Nancy, les contes les plus ridicules circulent dans les foires, les marchés, les cabarets, en un mot dans tous les lieux de rassemblement. Un de ces contes disait que l'Empereur ayant vu en songe trois bouteilles, une remplie de vin, l'autre d'eau et la troisième vide, avait fait venir un soldat qui possédait l'art d'expliquer les songes, et ce soldat lui aurait dit :

« La première bouteille représente le sang répandu dans les guerres, la deuxième « les larmes que verse le peuple, la troisième, enfin, la déchéance du trône ».

Cette histoire, calquée sur le songe du Pharaon, ne courait pas seulement dans le peuple, elle circulait aussi dans les salons et dans le monde militaire. La sœur du général Monnet, le triste héros de l'île de Walcheren, écrivant à son frère (1) prisonnier en Angleterre, lui fait part du même conte bleu avec quelques variantes.

« Voilà une affaire, écrit elle, qui a fait grand bruit dans les planettes (les courtians), l'astre du jour (Napoléon) a fait il y a six mois un rêve qui l'a bien intrigué. Le matin, quand il fut sur le zodiaque entouré de tous ses signes qui forment sa cour, il demanda un interprète. On lui fit venir un vieux satyre expérimenté dans cet art.

« L'astre lui dit :

« J'ai rêvé que je voyais une table couverte d'un tapis de velours cramoisi et « frangé d'or, deux flambeaux supportant deux bougies allumées, deux verres « pleins, un de vin rouge et l'autre d'eau. »

« Le satyre s'écria qu'il n'expliquerait point le rêve ; enfin on l'y força et il dit :

« Les deux lumières allumées signifient que vous n'avez que deux années à « vivre ; le verre de vin rouge est le signe du sang qui a été versé injustement ; le « verre d'eau est le signe des larmes amères que vous faites verser journellement ».

« On dit que l'astre et les planettes ont été en consternation (2) »

Ordre fut donné de rechercher l'origine de cette histoire subversive, et d'employer tous les moyens pour en arrêter la propagation. Il y avait certainement là un motif qui justifiait l'intervention de la police, car parler de sang à une époque de gloire, de larmes à un moment où la paix semblait vouloir régner, et de déchéance, quand tout au contraire paraissait affermir la stabilité du trône de l'Empereur et roi, c'était une action malsaine, criminelle même et qui sentait la conspiration.

Ce conte était franc, clair, on pouvait le comprendre sans difficulté et point n'était besoin de chercher ce qu'il pouvait bien cacher. Telle n'était

---

(1) 10 février 1811.
(2) Lettre saisie par la police — 5 mars 1811, à Boulogne-sur-Mer.

point l'énigme sensationnelle qui parut au commencement de l'hiver de cette même année 1810, en français, dans les journaux de Saint-Pétersbourg et que reproduisirent les journaux allemands.

La curiosité générale fut si vivement excitée par cet amusement, que la police française prévenue en fut fort intriguée.

« Ce jeu de mots, dit le rapport de police, renferme sûrement une finesse particulière puisqu'on propose un prix de 10.000 francs à celui qui trouvera le mot de l'énigme.

« Cette somme a quelque chose de mystérieux, il est difficile de croire qu'on donne *dix mille francs* (c'est ainsi que la somme est spécifiée) pour le mot de l'énigme, et que ce soit à Saint-Pétersbourg, qu'un simple jeu de mots, dans les circonstances actuelles, excite tant d'intérêt.

« Il faudrait avoir cette énigme sous les yeux, pour découvrir l'intention de l'auteur, et le motif d'une générosité si peu commune à la Russie ».

Le Ministre de la Police fit aussitôt demander la pièce incriminée à Saint-Pétersbourg : mais, entre temps, elle arriva au Ministère dans le courrier d'Allemagne contenant un numéro de la *Gazette de Kœnisberg* où se trouvait reproduite l'énigme mystérieuse avec l'annonce très sérieusement confirmée, de la récompense de 10.000 francs pour celui qui trouverait la solution.

Voici la pièce en question :

Mon cher lecteur, je ne vous dirai point
Le nombre de mes pieds, je me tais sur ce point,
Et m'écarte en cela de la règle commune.
    Avec mes sœurs je suis une,
    Quand je suis seul, je suis un,
    Or je suis mâle et femelle
Et choque un peu le sens commun.
    Sans crainte d'être importun,
    Je suis toujours en visite,
Nul homme cependant ne peut me voir chez lui ;
Je ne suis point chez moi, mais toujours chez autrui ;
    J'existe donc en parasite ;
Je n'arrive pourtant qu'à la fin du combat
    Et quoique ce soit en voiture
    Je dois me montrer en soldat.
    Je puis subir, je vous le jure,
    Encore plus d'un changement,
Je commence toujours et finis rarement ;
L'on me met en pâté, l'on me met en friture,
    Dans les ragouts, enfin et dans les plats ;
    Mais ce qui paraît incroyable,
    On ne m'admet point au repas

> Et je suis le premier à table,
> C'est moi qui termine le bruit,
> Moi qui commence le tapage ;
> Je ne puis au lecteur en dire davantage,
> Il n'est déjà que trop instruit,
> Encore un trait, on me voit dans la nuit,
> Dans le jour je suis invisible.
> A qui pourra me trouver en dix ans,
> Ce qui, je crois, est impossible,
> L'auteur promet dix mille francs.

Quand Desmarest, le chef de la haute police impériale, eut terminé la lecture de cette pièce incriminée, nul doute qu'il ne partit d'un fou rire en songeant aux vaines inquiétudes de son administration. Il devina aisément, et point n'était besoin pour cela d'être grand clerc, que le mot est la lettre T — puis il écrivit sur son rapport :

« Il est difficile de croire qu'une intention satirique (à l'égard de sa Majesté l'Empereur et Roi) soit cachée sous le voile de cette énigme en tout point assez mauvaise.

« La promesse de dix mille francs à celui qui trouverait le mot, avait fait naître beaucoup de suppositions absurdes : mais on ne les promet qu'à celui qui le trouvera *dans dix ans,* où en effet ne se trouve point la lettre T. Cette *sottise* eut été *devinée à Paris* en 5 *minutes* ; elle a intrigué les beaux esprits de Saint-Pétersbourg et d'Allemagne, pendant 5 *semaines.* »

Desmarest oublie de dire combien « cette sottise » a aussi intrigué ses agents et lui-même, puisqu'il a pris la peine de la lire avec une soigneuse attention, de l'expliquer et de conclure qu'on avait fait beaucoup de bruit pour rien en Russie, en Allemagne et au Ministère de la Police générale de l'Empire français. Il ne rougit pas de sa déception, car son métier exigeait qu'il sût tout, parce que « savoir c'est prévoir », comme le disait son ancien maître Fouché duc d'Otrante.

LÉONCE GRASILIER

www.ingramcontent.com/pod-product-compliance
Lightning Source LLC
LaVergne TN
LVHW010238030726
842520LV00007B/2631